Gottesfarben

Gottesfarben
Kleines Stundenbuch

Gebete, Psalmen,
Lieder und Segensworte

von
Karsten Dittmann

Bibliografische Information der Deutschen Nationalbibliothek: Die Deutsche Nationalbibliothek verzeichnet diese Publikation in der Deutschen Nationalbibliografie; detaillierte bibliografische Daten sind im Internet über dnb.dnb.de abrufbar.

2., korr. Aufl.

Umschlaggrafik: ractapopulous /pixabay.com

www.homilia.de

Herstellung und Verlag:
BoD – Books on Demand, Norderstedt

ISBN 9783756235575

Vorwort

Stundenbücher und Breviere sollten ursprünglich das Stundengebet der Mönche auf die Lebensrhythmen von Menschen außerhalb der Klostermauern übertragen. Im evangelischen Bereich haben sich daraus Andachts- und Tagzeitenbücher entwickelt.

Dieses *Kleine Stundenbuch* enthält eine Auswahl von Gebeten, Psalm-Übertragungen, Liedtexten und Segensversen, die für Gottesdienste und Andachten entstanden sind. Es ist die überarbeitete und erweiterte Fassung eines Bändchens, das 2014 als „Kleines Beckumer Stundenbuch" die Renovierung der Christus-Kirche unterstützen sollte. Mittlerweile bin ich Pfarrer in der Friedens-Kirchengemeinde Münster und hier wurde ein alter Segenstext zum neuen Titel: *Gottesfarben.*

Für diese Neufassung wurden die Texte des ersten Stundenbuchs noch einmal durchgesehen, überarbeitet und um ein paar weitere Psalmen, Gebete und Liedtexte ergänzt. Es würde mich freuen, wenn es dabei hilft, sich mitten im Alltag Zeit zu nehmen für Andacht und Gebet – und für einen Augenblick zur Ruhe zu kommen.

Karsten Dittmann

Inhalt

Gebete

Ein Morgengebet

Danke, dass es nach der Nacht
einen neuen Morgen gibt.
Es ist früh. Ich bin verschlafen.
Munter machen sollen mich
ein Gebet aus Atemzügen
und ein Lied auf meinen Lippen.

Mein Herz erwacht
und voll Erstaunen
sieht es die Wunder,
die ringsum geschehen.

Danke, Gott des Lebens.
Ich freue mich auf diesen Tag.

Am Sonntagmorgen

Ich danke dir für die vergangenen Tage
und bitte dich für die neue Woche,
auf die ich mich neugierig freue.
Ich feiere deine Namen
und nenne dich Liebe,
Güte und Gnade,
Barmherzigkeit.
Du bist mir wie
eine Wasserquelle,
aus der neuer Mut
und frische Kraft
entspringen.
Mit Liedern
lobe ich dich.
In meinem Bitten
setze ich meine Hoffnung auf dich.
Überwinde, was mich von dir trennt,
denn in deiner Nähe blühe ich auf.

Meine Hoffnung

Ein Gebet nach dem Choral „Die güldne Sonne"

Gott, meine Krone, vergib mir.
Schau nicht auf das, was ich falsch mache.
Lenke meine Schritte.
Führe mich die Wege, die du für richtig hältst:
Ich gebe mich und alles in deine Hand.
Du gibst, was ich zum Leben brauche.
Du bist das Größte,
das Schönste und Beste,
du bist die Lebensfreude
und der Boden, auf dem ich stehe.
Du bist der größte Schatz auf Erden.
Muss ich leiden und Lasten tragen,
hilf mir zu sagen: „Dein Wille geschehe."
Du weißt, was gut für mich ist und mir nützt.
Du weißt, was schlecht für mich ist und mir schadet.
Ich vertraue darauf, dass du es am Ende
gut mit mir meinst.
Kreuz und Elend werden ein Ende haben.
Nach Sturm und Unwetter wird mir
die Sonne wieder ins Gesicht scheinen.
Erfüllung und stille Freude erwarten mich,
darauf ist meine Hoffnung gerichtet.

Abendgebet

Der Tag geht zu Ende.
Die Nacht kommt herbei.

Ich denke an die frohen Zeiten dieses Tages
und danke dir für jeden schönen Augenblick.
Ich denke daran, was mich traurig gemacht hat.
Ich denke an meinen Ärger –
über andere und über mich selbst.
Wie du Fehler vergibst,
will auch ich vergeben.
Gib mir Kraft,
stets den Frieden zu suchen.

Lass mich in Frieden ruhen.
Behüte mich in dieser Nacht
und bewache meinen Schlaf,
dass ich morgen wieder frisch und froh erwache.

In einer vollen Woche

Die Woche ist so voll
mit Dingen, die zu tun sind.
Manchmal, wenn ich zur Ruhe komme,
spüre ich, wie leer und ausgelaugt ich bin.
Manchmal, wenn es still ist,
werde ich innerlich ganz unruhig.
Im Alltag gibt es
so viele Aufgaben und Anforderungen,
Tag für Tag so viele Neuigkeiten.
Manchmal, wenn es nichts zu tun gibt,
frage ich mich: Warum mache ich das alles?
Ich hetze und renne,
ich tue und mache –
aber wofür?
Bei dir lass mich zur Ruhe kommen.
Einen Augenblick lege ich die Hände in den Schoß.
Es gibt nichts zu tun.
Ich schweige und lausche in die Stille.

Nach einem langen Tag

Hinter mir liegt ein langer Tag.
Ich sammle mich einen Augenblick.
In deiner Gegenwart will ich aufatmen
und zur Ruhe kommen.
Nimm von mir
allen Druck und alle Last,
meine Sorgen und meinen Ärger.
Ich will sie loslassen,
damit sie mich nicht festhalten
und in meine Träume verfolgen.
Wie ein Kind bei Mutter und Vater
nehme ich meine Zuflucht bei dir.
Behüte alle, um die ich mich sorge.
Beschütze alle, über die ich mich ärgere.
Hilf mir, die Dinge leichter zu nehmen.
Umhülle mich mit Frieden.

Danke

Staunend stehe ich vor dem Rätsel des Lebens.
Nicht alles ist gut in dieser Welt.
Aber dann sehe ich das Blau der Kornblume.
Ich rieche frisches Brot.
Die Vögel zwitschern
und ich genieße jeden Atemzug.
Meine Sorgen treten zurück,
denn du sorgst für mich.
Ich bin da,
hier und jetzt.
Danke.

Schweig und verstumme

Manchmal habe ich das Gefühl,
in einem tosenden Meer zu versinken:
Alles stürmt gleichzeitig auf mich ein.
Ich kann gar keinen klaren Gedanken fassen.
Inmitten der Stürme, die mich bedrohen,
bitte ich, sprich dein „Schweig und verstumme".
Schaffe mir einen Augenblick der Stille.
Lass mich zur Ruhe kommen,
dass ich neue Kraft tanke
und aufatme.

Stille zu Gott

In der Stille fällt mir vieles ein:
Was mich beunruhigt.
Wo ich mir Sorgen um andere mache.
Was ich falsch gemacht habe.
Was noch zu tun ist.
Jetzt lege ich alles in deine Hände
und bitte um Frieden
für mich und die Meinen
und für diese Welt.

Ich bitte
für die Unruhigen und Sorgenvollen,
für die Kraft- und Mutlosen,
für die von Arbeit Erschöpften,
für die durch Stress Erkrankten,
für die, die den Druck nicht mehr aushalten,
für die, die keinen Frieden finden
mit sich und anderen.

Du hörst meinen Atem, mein stilles Gebet.
Dir bin ich nicht egal:
Du kennst mich und gehst mit mir.
Wenn du mir fern scheinst,
lass mich dich spüren.
Meine Seele ist stille in dir, mein Gott,
mein Fels, meine Hilfe, mein Schutz.

Öffne mir die Augen

Manches ist verwirrend.
Mal denke ich:
Ich weiß Bescheid und kenne mich aus.
Dann wieder denke ich genau das Gegenteil:
Ich habe keine Ahnung
und weiß weder aus noch ein.
Oft verstehe ich mich selbst nicht mehr.

Hilf mir, die Dinge klarer zu sehen.
Hilf mir zu verstehen.
Wenn sich alles um mich herum verfinstert,
hilf mir, ein Licht zu finden.
Wenn ich den Wald vor lauter Bäumen nicht sehe,
öffne mir die Augen.
Ich kenne den Weg nicht,
du kennst ihn gut.

Ich komme zu dir

Ich komme zu dir
mit meiner Sehnsucht nach Leben.
Manchmal habe ich das Gefühl,
das Leben spielt sich überall ab,
nur nicht dort, wo ich bin.
Unzufrieden mit dem, was ist,
unerfüllt von dem, was ich erlebe,
schaue ich eifersüchtig auf die anderen:
Sie scheinen so viel glücklicher,
so viel lebendiger.

Ich komme zu dir
mit meiner Angst vor dem Sterben.
Es ist gar nicht die Angst vor dem Tod,
die mich lähmt.
Es ist die Angst zu sterben,
bevor ich richtig gelebt habe.
Es ist die Angst auch vor Schmerzen,
vor Leid und Einsamkeit.
Wirst du mich halten,
wenn ich mich selbst verliere?

Ich komme zu dir
mit der Hoffnung, einmal wieder aufzustehen.
Du hast mir doch das Leben gegeben.
Ich kann nicht glauben,
dass alles leer und sinnlos ist.
Ich kann nicht glauben,
dass der Tod ein schwarzes Loch ist,
in dem ich verschwinde.
Werde ich einmal spüren,
dass das Leben grenzenlos ist?

Im Herbst

Ich sehe die Welt im Herbst an und denke:
Wie wunderbar bunt ist alles gemacht.
Ich bin dankbar für alles, was gut ist und schön.
Dann aber lese ich Zeitung und höre Nachrichten.
Ich denke: Wie kaputt ist diese Welt.
Die Blätter fallen von den Bäumen.
Bald ist alles trüb und kahl.
Ich sehne mich nach einer hellen, freundlichen Welt.
Du bist bei mir auch in dunkler Zeit.

Gebet im Advent

Du bist ein freundlicher Gott.
Jetzt, wenn es früh dunkel wird
und die Tage grau und düster sind,
zünden wir Kerzen an und Lichter,
die uns Tag und Abend
heller und freundlicher machen.
Wo es in uns düster und dunkel ist, bitten wir:
Lass dein Licht des Lebens uns scheinen.

Du bist ein warmherziger Gott.
Jetzt, wenn es windiger und kälter wird,
brauchen wir Mäntel und heiße Getränke,
um uns zu wärmen.
Wo wir in unserem Leben und Miteinander
Kälte und Frost spüren, hoffen wir:
Möge deine Kraft uns die Herzen wärmen
und auch für andere reichen.

Wind und Wellen

Zu Markus 4,35-41

Wenn Wind und Wasser toben
und das Schiff auf den Wellen wankt
und wir in Furcht versinken,
dann reich uns, Herr, deine Hand.

Wenn uns der Tod noch Angst macht
und Trauer die Kehle zuschnürt
und Tränen nicht mehr trocknen,
dann sei uns, Herr, spürbar nah.

Wenn niemand eine Antwort
auf Fragen und Zweifel hat
und wir uns allein fühlen,
dann sprich du, Herr, nur ein Wort

und dann werden Wind und Wellen still
und Friede wird um uns sein.

Ich verstehe nicht

Ich verstehe die Wege des Lebens nicht.
Ich habe so viele Fragen,
auf die mir niemand Antwort gibt.
Darum komme ich mit meinen Fragen zu dir.
Ich hoffe, dass du mir antwortest
und dass deine Worte mich tragen.

Ich weine und trauere,
ich heule und wimmere.
Doch da ist niemand, den ich anklagen kann.
Darum komme ich mit meinen Klagen zu dir.
Ich gebe dir die Schuld, dass du sie aufnimmst.
Ich hoffe, dass du mein Kreuz trägst
und die Last auf meiner Seele leichter machst.

Wenn mein Blick trüb ist und mein Herz schwer,
weiß ich nicht, worauf ich noch hoffen kann.
Darum komme ich mit meiner Sehnsucht zu dir.
Erfülle mich wieder mit Hoffnung und Vertrauen,
dass du mich durch dunkle Wege hindurchführst,
dorthin, wo ich wieder Licht sehen
und der Verheißung des Lebens neu glauben kann.

Zur Taufe

Lass deine Augen ruhen auf unserem Kind.
Sei ihm ein starker Schild
und eine Stütze und ein Schutz.
Halte unsere Augen wach,
dass wir ihm alle Hilfe geben, die es braucht.

Lass deine Augen ruhen auf allen, die dich suchen.
Versteck dich nicht vor ihren Augen.
Lass dich finden.

Hilf uns, dass wir unseren Kindern
nicht im Weg stehen,
sondern offen und ehrlich leben, was wir glauben.

Für uns alle bitten wir um ein fröhliches Herz
und einen freundlichen Blick,
Gesundheit und deinen guten Segen.

Bloß weil du mich liebst

Ich weiß, ich habe deine Liebe nicht verdient.
Was wäre das auch für eine Liebe,
die man sich verdienen müsste.
Ich glaube, auch was mir Böses widerfährt,
das habe ich nicht verdient.
Am schlechten Gewissen trage ich schon genug.
Dass ich mich selbst nicht ins Verderben stürze
durch meine Dummheit und durch meine Fehler,
das hoffe ich.
Und dass du mich auffängst,
nicht weil ich es verdiene,
sondern bloß weil du mich liebst.

Gott ist Licht

Wie die Sonne
strahlst du in mein Leben,
gibst Wärme und Licht
und machst meinen Tag hell.
Dafür danke ich dir.

Manchmal fallen Schatten auf das Leben:
Ich bitte für alle, die traurig sind.
Ich bitte für alle, die sich allein fühlen.
Ich bitte für die Kranken;
bring Heil und Heilung in ihr Leben.
Lass sie spüren: Du bist da.

Auch für mich bitte ich:
Leite und begleite mich.
Behüte mich auf meinen Wegen
und sei mir Licht in dunkler Zeit.

Kyrie

Unfrieden speist sich aus vielen Quellen:
Hunger nach Macht.
Misstrauen und Missgunst.
Lüge und Hass.
Ungerechtigkeit.
Wir sehnen uns nach einer Welt,
in der Menschen einander mit Respekt begegnen.
Herr, erbarme dich.

Unfrieden hat viele Gesichter:
Kinder, die vor dem Krieg fliehen.
Soldatinnen und Soldaten, die einander bekämpfen.
Politikerinnen und Politiker,
die täuschen und taktieren.
Mit Menschen überall auf der Welt
flehen wir um Frieden:
Herr, erbarme dich.

Frieden ist nicht selbstverständlich.
Immer wieder müssen wir
um Frieden ringen.
Immer wieder müssen wir
der eigenen Wut Einhalt gebieten.
Immer wieder müssen wir
unsere Ohnmacht aushalten.
Immer wieder müssen wir
an Verständigung und Versöhnung glauben lernen.
Herr, erbarme dich.

Ich glaube

Ich glaube,
Gott ist alles in allem,
Anfang und Ende der Schöpfung
und Grund und Ziel auch meines Lebens.

Ich glaube,
Jesus ist der Mensch,
in dem Gott mir zum Vater wird.
Er hat gelebt, geliebt und gelitten.
Er ist den Weg des Gerechten gegangen
bis in den Tod
und doch nicht im Tod geblieben.

Ich glaube,
Jesus lebt in der Gemeinschaft derer,
die seinen Spuren folgen.
Niemand glaubt für sich allein.
Gottes Geist schafft Gemeinschaft
über alle Grenzen hinweg.

Ich glaube
der guten Nachricht:
Gott macht alles heil.
Ich bin erlöst von dem, was war,
und befreit zum Leben,
jeden Tag neu.

Ich glaube,
Gott ist Liebe.
Meine Liebe zu Gott zeigt sich
in der Liebe zu anderen,
die der Liebe bedürfen wie ich.
Füreinander sind wir geschaffen.
Miteinander suchen wir Frieden.

Glaubensbekenntnis

Ich glaube an Gott.
Er ist wie ein guter Vater,
der sich Zeit für mich nimmt
und viel Geduld mit mir hat.
Durch Gott lebt alles.
Seine Liebe macht mich froh.

Ich glaube an Jesus.
Er ist wie ein großer Bruder für mich.
Er ist mein Vorbild.
In Not und Leid ist er mir nah.
Er ist auferstanden vom Tod,
das gibt mir Hoffnung.

Ich glaube an den Heiligen Geist.
Er ist wie ein unsichtbares Band,
das mich mit anderen verbindet:
Wir gehören alle zusammen.
Wir beenden den Streit.
Wir lassen uns keine Angst machen.
Denn vor uns liegt ein guter Weg.

Psalmen
und Lieder

Psalm 1

Alles Gute den Menschen,
die sich nicht verführen lassen
von Leuten, denen Gebotenes gleichgültig ist.

Alles Gute den Menschen,
die sich frei machen
von Leuten, denen nichts heilig ist.

Alles Gute den Menschen,
die sich fragen,
was gut und richtig ist in den Augen des Ewigen.

Wie Bäume sind diese Menschen,
von frischem Wasser getränkt.
Gesund und kräftig tragen sie gute Früchte.

Die Wege der Übeltäter führen ins Nichts,
ihre Spuren verwehen im Wind.
Gut sind die Wege der Gerechten.
Ihre Werke bleiben bestehen.

Psalm 2

Die Welt ist in Aufruhr,
nirgends Friede, nur Streit und Krieg.
Doch wir wollen mutig aufstehen.
Gott ruft uns zu:
„Ich habe einen König über diese Welt gesetzt,
einen gerechten Herrscher, der Frieden bringt.
Zu ihm habe ich gesagt: ‚Mein Sohn.
Die ganze Welt gebe ich dir in die Hand.'"

Lasst uns diesem Herrscher dienen,
denn er schafft Gerechtigkeit.
Er wird die schlechten Herrscher stürzen,
die ungerechten Regierungen werden fallen.
Lasst uns dem folgen,
der Gerechtigkeit und Frieden schafft.
Gesegnet sind, die bei ihm Zuflucht suchen.

Psalm 3

Manchmal scheint es,
als stünde alles gegen mich,
als hätte alle Welt sich gegen mich verschworen.
„Dein Gott wird dir nicht helfen", sagen sie.

Du aber stehst mir bei.
Du birgst und schützt mich.
Ich verliere nicht mein Gesicht,
denn du richtest mich auf.

Deinen Namen rufe ich,
wie ein Kind in der Nacht
nach seiner Mutter ruft,
und du antwortest mir.

Ruhig lag ich und schlief,
nun bin ich erwacht.
Ich habe keine Angst,
denn du hältst mich sicher.

Mein Gott steht mir bei
und ist meine Kraft.
Sein Name ist meine Hilfe.
Sein Segen liegt auf allen seinen Kindern.

Psalm 4

Antworte doch auf meine Fragen.
Schweige nicht, wenn ich dich rufe,
du, mein Gott, meine Gerechtigkeit.

Denn du, unser Gott, stehst uns bei.
Wenn uns etwas bedrängt,
schaffst du uns weiten Raum.

Die Starken sind stolz auf ihre Kraft.
Sie stellen Geld und Einfluss über alles.
Auf Lügen stützen sie ihre Macht.

Wir trauen dem Gott, der die Schwachen liebt.
Treu folgen wir dem Weg der Gerechtigkeit.
Unser Beten wird nicht vergeblich sein.

Lasst euch nicht reizen zu Wut und Zorn.
Werdet still und bedenkt euer Tun.
Vertraut Gottes heiligem Namen.

Mögen viele Menschen auch zweifeln und hadern,
uns legt Gott Freude ins Herz, selbst in schwieriger
Zeit.
In seinem Frieden werden wir sicher wohnen.

Psalm 8

In deinen Händen liegt alle Macht.
Die ganze Erde rühmt und lobt dich.
Den Schwachen und Hilflosen stärkst du den Rücken
und lässt schon kleine Kinder Großes vollbringen.

Wir staunen über deine Schöpfung,
den Himmel und die Erde, den Mond und die Sterne.
Wie klein sind wir Menschen im Weltall
und doch kümmerst du dich um uns.

Macht und Würde hast du uns verliehen
und uns aufgetragen, uns zu kümmern
um die Schöpfung und umeinander.

In deinen Händen liegt alle Macht.
Die ganze Erde rühmt und lobt dich.

Psalm 18

Du bist mein Licht, das ewig strahlt,
durchleuchtest meine Finsternis.
Dein Wort ist hell und klar.

Der Eine, der war und der ist und der kommt,
er allein ist unser Gott,
er allein der Fels, auf dem wir sicher stehen.

Du gibst mir Kraft, meinen Weg zu gehen,
den richtigen Weg, einfach und wahr,
mit leichtem, festem Schritt.

Du rüstest uns aus mit dem Schild deines Heils.
Deine Hand macht uns mutig und stark.
Du sprichst und nimmst uns die Furcht.

Die mich angreifen und nach mir treten,
sie werden nicht siegen. Sie werden stürzen,
doch ich ziehe aufrecht vorbei.

Denn du bist das Leben. Dich loben wir.
Du allein bist Gott, der uns heilt,
du allein der Fels, auf dem wir sicher stehen.

Psalm 18

Dich, den Allerhöchsten, liebe ich.
Du bist meine Stärke.

Der Ewige ist meine Festung und Rettung,
mein Gott, mein Zufluchtsort,
meine sichere Burg.

Ich rufe nach meinem Gott,
gepriesen sei sein Name,
er rettet mich vor meinen Feinden.

Gefangen war ich und starr vor Angst,
da rief ich seinen Namen
und er befreite mich.

Mit meinem Gott kann ich Wälle erstürmen,
mit meinem Gott über Mauern springen.
Er schützt, die bei ihm Zuflucht suchen.

Der Allerhöchste allein ist Gott.
Ich ziehe meinen Weg mit sicherem Schritt,
denn sein Schild gibt mir Schutz.

Psalm 19

Der Himmel singt ein Lied.
Still stimmen die Sterne mit ein:
Wie wunderbar ist alles gemacht.

Der Tag erzählt es der Nacht.
Die Nacht sagt es weiter dem nächsten Tag:
Wie schön ist doch die Welt.

Das Lied der Schöpfung braucht keine Worte.
Niemand hört einen Ton.
Es ist ein schweigender Lobgesang.

Sanft klingt das Lied, wie die Sonne am Morgen.
Wie Gold schimmert die Abendröte
und zeigt, wie kostbar die Schöpfung ist.

Noch kostbarer ist dein Wort, mein Gott.
Durch ein Wort allein wurde alles, was ist.
Dein Wort ist die Quelle des Lebens.

Wie ein Echo auf dein Wort
klingt das Lied der Schöpfung.
Wer still ist, hört es und wird weise und klug.

Psalm 23

Der Ewige sorgt für mich.
Wie eine Hirtin ihre Schafe führt
auf eine saftige Weide und zum frischen Wasser,
so führt mein Gott mich.
Ich komme zu Kräften
und erkenne den Weg,
den ich gehen soll.

Und wenn dieser Weg durch die Todesschlucht führt,
habe ich keine Angst, denn du bist bei mir.
Was mich bedroht, wehrst du ab.
Komme ich vom Weg ab, so ziehst du mich zu dir.

An einem gedeckten Tisch nehme ich Platz und esse
in aller Ruhe, obwohl böse Menschen mich umringen,
denn du, mein Gott, sitzt an meiner Seite.
Willkommen heißt du mich
und füllst mir den Becher bis zum Rand.
Mein Leben füllst du mit Güte.

Im Haus des Ewigen kann ich sicher wohnen,
jetzt und allezeit.

Psalm 24

Der Himmel und Erde erschaffen hat,
regiert die ganze Welt:
Ihm gehört, was auf Erden lebt.
Der Allerhöchste ist auf dem Weg zu euch.

Öffnet weit die Tore und Türen.
Der Ewige kommt zu uns.

Die Gerechtigkeit ist auf dem Weg.
Wer ein reines Gewissen hat, freue sich.
Es jubele laut, wer von Unrecht nichts weiß.
Der Herrscher der Welt kommt zu euch.

Öffnet weit die Tore und Türen.
Der Ewige kommt zu uns.

Wer unter Unrecht leidet, schöpft neuen Mut.
Kranke und Arme sind von Hoffnung erfüllt.
Die Tränen der Trauernden trocknen.
Der Gott des Lebens ist nah.

Öffnet weit die Tore und Türen.
Der Ewige kommt zu uns.

Wer ist der Ewige, der Allerhöchste?

Es ist unser Gott, unser starker Helfer.

Wer ist der Herrscher der Welt?

Es ist der Schöpfer von Himmel und Erde.

Öffnet weit die Tore und Türen.
Der Ewige kommt zu uns.

Psalm 25

Bei dir, dem Lebendigen, wäre ich gern.
Ich hoffe auf dich, denn du stellst mich nicht bloß
wie die anderen, die über mich lachen.

Weise mir den Weg, den ich gehen soll,
du Lehrer des Lebens, zeig mir, was wahr ist.
Auf deine Hilfe verlasse ich mich.

Denk doch, Barmherziger, an deine Güte.
Sieh über meine Fehler hinweg.
Schau nicht auf meine Schwächen.

Du bist die Güte. Du bist gerecht.
Wer sich verirrt hat, dem zeigst du den Weg.
Liebevoll weist du zurecht.

Du trägst meine Lasten.
Meine Schulden zahlst du.
In deinem Haus wohnt mein Glück.

Bin ich einsam, bleibst du mir nah.
Geht es mir schlecht, hältst du mich fest.
Aus meiner Angst führst du mich heraus.

Einige Menschen mögen mich nicht.
Sie freuen sich, wenn ich stürze und falle.
Doch du, mein Retter, fängst mich auf.

Möge mein Herz rein bleiben
und meine Hand ohne Schuld.
Meine Hoffnung setze ich auf dich.

Psalm 27

Du bist mein Licht.
Was zerbrochen ist, machst du wieder heil.
Wovor sollte ich mich fürchten?

Bei dir nehme ich Zuflucht.
Du bist meine Kraft und mein Lebensmut.
Was sollte mich erschrecken?

Wenn böse Menschen nach mir greifen,
werden sie ausrutschen und hinfallen.
Verschwören sich viele gegen mich,
verliere ich nicht den Mut.

Ich verlasse mich ganz auf dich.
In deinem Haus finde ich Schutz.
Wie ein Zelt spannst du dich hoch über mich,
darum kann ich aufrecht gehen und stehen.

Was kann ich zum Dank dir bringen?
Fröhliche Lieder will ich singen und spielen,
um dich zu loben und zu preisen.

Psalm 30

Auf die Beine geholfen hast du mir,
als ich am Boden lag und am Ende war.
Gestern Abend habe ich noch geweint,
doch heute Morgen ist alles gut.

Ich war selbst schuld.
Zu sorglos war ich, denn ich dachte:
„Mir wird nichts passieren!"
Da hast du dich abgewandt,
nur einen Augenblick lang,
und mir fuhr ein Schreck in die Glieder:
Ich sah mich schon mit einem Bein im Grab.

Ich schrie laut auf:
„Was nützt es dir,
wenn ich im Grab verrotte?
Wie soll meine Asche dich preisen?"

Da hast du mich gehört.
Du hast mein Klagelied verwandelt
in einen Freudentanz.
Ich bin nicht verstummt.
Mein Herz singt dir zu:
Du hast mein Leben geheilt.

Psalm 32

Fröhlich können alle sein,
denen Fehler vergeben sind
und die nichts Falsches im Sinn haben.

Ich wollte meine Schuld verschweigen.
Doch Gott ließ mein Gewissen brennen
wie unter großer Sonnenglut.

Da habe ich meine Schuld erkannt
und meine Tat gestanden
und du hast mir vergeben.

Alle in Not mögen zu dir rufen,
denn du wirst sie bergen,
selbst wenn alle Dämme brechen.

Du bist meine Rettung.
Loblieder werden mich tragen,
deine Augen über mir wachen.

Denn du bist da für mich.
Nicht störrisch wie ein Esel will ich sein.
Ich folge dem Weg, den du mir weist.

Wer böswillig ist, wird straucheln,
aber jubeln werden die Aufrichtigen.
Sie sind von deiner Gnade umhüllt.

Psalm 34

Den Höchsten lobe ich mit jedem Atemzug.
Möge den Schwachen mein Loblied helfen,
damit wir den Namen Gottes preisen.

Ich hatte Angst und suchte nach Gott.
„Ich bin da!", rief er und half mir auf.

Meine Augen strahlten vor Freude.
Der Höchste hört den, der ganz unten ist.
Seine Güte lässt er uns kosten und sehen.

Selig, wer darauf vertraut.
Auch wer stark ist, muss sich stärken,
doch wer Gott sucht, dem fehlt nichts.

Darum achtet den Gott des Heils.
Suchen nicht alle nach Leben und Glück?

Meide das Böse und suche das Gute.
Mit aller Kraft jage dem Frieden nach.
Gott hat ein Auge auf die Gerechten
und hört ihr Klagen und Rufen.

Die Böses tun, trifft sein zorniger Blick.
Auch die Gerechten erleben Leid.
Doch den Verzweifelten steht Gott bei.

Den Hoffnungslosen macht er Mut.
Gnade denen, die die Gerechten hassen.
Denn Gott rettet die, die ihm folgen.
Er spricht alle frei, die auf ihn vertrauen.

Psalm 36

Der sich seiner selbst sicher ist, sagt:
„Furcht vor Gott kenne ich nicht."
Er gefällt sich als böser Bube.
Stolz ist er, sein Gewissen los zu sein.
Ohne rot zu werden lügt und betrügt er
und sucht nur seinen Vorteil.
Geht es um den Sieg,
dann kennt er keine Freunde.

Doch du, mein Gott, bist gütig bis zum Himmel,
so weit die Wolken ziehen, reicht deine Treue.
Deine Gerechtigkeit ragt auf wie ein Gebirge.
Einer Flutwelle gleicht dein Gericht.

Du eilst selbst zu Hilfe.
Tier und Mensch finden bei dir Schutz.
Du gibst reichlich.
Aus dir schöpfen wir Leben.

Bewahre mich davor,
meiner selbst zu sicher zu sein.
Lieber will ich zweifeln und fragen,
als alle Skrupel zu verlieren
und selbstgefällig zu werden –
und am Ende zu fallen
und keiner hilft mir auf.

Psalm 37

Lasst euch führen
von dem, der das Leben ist.
Vertraut darauf:
Gott macht es gut!

Wie das Morgenlicht
lasst eure Taten leuchten.
Eure Treue soll strahlen
wie die Mittagssonne.

Sucht Ruhe in dem Ewigen.
Erwartet gelassen sein Tun.
Er sorgt für euch und was er gibt,
das nimmt euch niemand mehr.

Hofft auf den Einen.
Folgt seinem Wort,
dann wird er die Welt mit euch teilen.

Wer Frieden sät,
wird Frieden ernten
für sich, seine Kinder und Enkel.

Psalm 37

Ärgere dich nicht über Leute, die boshaft sind.
Auch wenn sie dir und anderen übel mitspielen,
denk daran: Es liegt kein Segen darauf.

Vertraue auf Gott und tue, was recht ist.
Bleibe bescheiden in allem.
Achte auf einen sicheren Stand.

Auch schlechte Menschen haben gute Tage.
Gönne es ihnen von Herzen,
denn mehr wird ihnen nicht bleiben.

Auf deinen Wegen vertraue Gott.
Möge die Hoffnung dich tragen,
dass Gott alles zum Guten wendet.

Möge Gott deine Schritte lenken.
Möge er dich stützen,
weil dein Weg ihm gefällt.

Auch schlechte Menschen haben Erfolg.
Das soll dich nicht stören,
denn Segen liegt auf reinen Herzen.

Auf deinen Wegen vertraue Gott.
Möge die Hoffnung dich tragen,
dass Gott alles zum Guten wendet.

Möge Gott dich halten,
dass du nicht fällst,
selbst wenn du stolperst.

Möge Gott dir helfen, einen guten Weg zu finden.
Und auch wenn er holprig ist,
geh deinen Weg fröhlich.

Psalm 39

Ich nehme mir vor: Denk nach, was du sagst!
Beiß dir lieber auf die Zunge,
als gedankenlos zu wettern und zu schimpfen.

Ich sehe doch, was los ist in der Welt.
Die Lügner und Spötter übertönen alles.
Ich halte still, um sie nicht zu verfluchen.

Aber dann brennt es in mir wie Feuer.
Mein Herz steht in Flammen.
Ich kann nicht länger schweigen:

Mein Gott, wozu bin ich hier?
Was soll das alles, wenn doch alles vergeht,
wenn nichts auf der Erde Bestand hat?

Gedankenlos leben die Menschen dahin.
Sie bauen auf und brennen alles nieder.
Jeder sorgt für sich, doch bleibt am Ende nichts
davon.

Ich hoffe auf dich, mein Gott.
Schau nicht auf mein Scheitern.
Gib nicht den Schurken und Narren recht.

Du hörst mich, mein Gott.
Du schweigst nicht zu meinen Tränen.
Wenn ich gehe, dann froh und voll Zuversicht.

Psalm 40

Mein Herz hofft auf den Einen,
der mich erhört und mir hilft:
Er zieht mich aus dem Schlamm,
in dem ich versinke,
und stellt mich auf festen Grund.

Ein neues Lied bringt er mir bei,
mit dem will ich ihn preisen.
Wer es hört und ihm vertraut,
stimmt in das Lied mit ein.

Froh, wer dem Ewigen vertraut
und nicht dem Rat stolzer Schwätzer.
Unvergleichlich bist du, unser Gott.
Was hast du nicht alles getan.
Die Wundergeschichten nehmen kein Ende.

Ich will meine Ohren öffnen für dein Wort
und dein Gebot in meinem Herzen tragen.
Was du versprichst, das löst du ein.
Das will ich allen erzählen.

Psalm 42

Wie ein Hirsch nach frischem Wasser
hat meine Seele Durst nach dir.
Meine Seele sucht den lebendigen Gott.
Wann werde ich dich finden?

Ach, meine Seele, warum bist du so traurig?
Du machst mich ganz unruhig.
Hab Geduld! Gott wird sich zeigen.
Er wird mir helfen und ich werde ihm danken.

Manchmal bin ich traurig und ich frage:
Wo bist du, mein Gott?
Manchmal verspotten mich andere,
weil ich auf dich hoffe.

Ach, meine Seele, hab Geduld!
Gott wird sich zeigen.
Er wird mir helfen.

Psalm 47

Klatscht in die Hände, ihr Völker der Welt.
Lasst fröhlich den Jubel erklingen.

Ehrfürchtig schauen wir auf zu Gott,
denn er regiert den Erdenball.

Kein Volk der Erde steht über ihm.
Uns hat er zu Erben erwählt.

Unter Jubel erhebt sich unser Gott.
Weit trägt der Wind den Fanfarenklang.

Singt Gott ein Lied. Stimmt alle mit ein,
denn Gott regiert den Erdenball.

Die Mächtigen beugen die Häupter,
wenn der Gott Abrahams sich naht.

Alles liegt in seiner Macht.
Hoch steht er über aller Welt.

Psalm 48

Groß ist unser Gott. Wir loben ihn
dort, wo sein heiliger Name wohnt.
Weit zu sehen ist Gottes Wohnung,
ein Haus, in dem wir geborgen sind.

Wir kannten den Ort nur vom Hörensagen,
jetzt haben wir ihn mit eigenen Augen gesehen.

Wenn wir in deinem Haus sind, Gott,
denken wir an deine Güte.
Bis ans Ende der Welt soll dein Name erklingen,
denn du schaffst Recht und Gerechtigkeit.

Fröhlich jubeln wir dir zu,
von dir erzählen wir unseren Kindern:

Unser Gott ist Gott für alle Zeit.
Er führt uns sicher durchs Leben.

Psalm 50

Der Ewige, der über allen Göttern thront,
ruft die Erde vom Morgen bis zum Abend.
Im Licht der Sonne funkelt die Stadt des Heils.

Unser Gott kommt. Er schweigt nicht länger.
Seine Herrlichkeit leuchtet wie Feuerschein.
Wie Donnergrollen klingt seine Stimme.

Was gebe ich Gott, dem doch alles gehört?
Nur Dank schulde ich ihm
und Treue, wie versprochen.

„Rufe nach mir in deiner Not", sagt Gott,
„Ich werde kommen und dich retten;
du wirst mich loben mit einem Lied."

Denen aber, die wissen, was gut ist,
und doch beharrlich Böses tun,
sagt Gott: „Ich schweige nicht zu eurer Missetat."

Er steht den Kleinen und Schwachen bei.
Verächtlich schaut er auf Dünkel und Macht.
Jeden wird er zur Rechenschaft ziehen.

Ich spreche still mein Dankgebet.
Auf seine Güte schaue ich
und flehe: Zeig mir den Weg.

Psalm 51

Gut bist du, Gott, und groß ist deine Güte.
Tilge meine Schulden, wie es dir gefällt.

Ich habe Fehler gemacht. Meine Schuld belastet mich.
Doch dein Urteil wird gut sein und gerecht.

Du liebst Menschen, die ehrlich und aufrichtig sind.
Lehre mein Herz deine tiefe Weisheit.

Mach mein Herz rein.
Gib mir einen neuen, standhaften Geist.

Sei mir nah, wenn ich mich selbst nicht verstehe.
Lass deinen heiligen Geist um mich sein.

Ich freue mich, weil du mir hilfst.
Den Weg, den du weist, will ich gehen.

Ich jubele und singe laut.
Allen werde ich erzählen, wie gütig du bist.

Psalm 55

Ich rufe. Ich flehe. Ich schreie zu dir.
Aber hörst du mich wirklich, mein Gott?
Der Lärm um mich her macht mir Angst.

Wäre ich eine Taube und hätte ich Flügel,
ich würde fliegen an einen sicheren Ort,
ich würde flüchten vor dem wütenden Wind.

Ich sehe Streit und Gewalt in der Stadt.
Lästermäuler und Hetzer schüren den Hass.
Sogar alte Freunde üben sich in Verrat.

Verwirre ihre Sprache, ihre Lügenreden,
damit sie sich in ihren Intrigen verirren
und sich verheddern in ihren Verleumdungen.

Am frühen Morgen erklingt meine Klage.
Am Mittag seufze ich und rufe laut.
Am Abend frage ich: Wer wird mich hören?

Du, mein Gott, bist meine Hilfe, mein Schutz.
Du befreist mich, denn du hörst, was ich sage.
Du hältst mich. Ich schwanke und falle nicht.

Psalm 61

Ich rufe zu dir, so laut ich kann:
Ach, höre mich doch an.
Du verstehst sogar mein Schweigen.

Dumpf und wie aus weiter Ferne
klingt meine Stimme.
Allen Mut habe ich verloren.

Hilf mir hoch auf den sicheren Felsen.
Du bist meine Zuflucht,
ein Turm, der die Feinde abwehrt.

Lass mich Gast sein in deinem Haus.
Dort finde ich Schatten und Schutz.
Treu will ich zu dir stehen.

Du machst mich zum Erben deiner Verheißung.
Ich bin dein Kind.
Mein Leben machst du neu.

Ich sitze dir gegenüber,
geborgen in der Güte deines Blicks.
Meine Lieder preisen deinen Namen.

Psalm 62

In deiner Nähe
wird meine Seele still.

Du hilfst mir.
Du bist mein Fels und meine Burg,
selbst wenn der Boden wankt.

In deiner Nähe
wird meine Seele still.

Gewalt hat die Welt im Griff.
Tag für Tag nur Lug und Trug.
Jeder sucht nach seinem Vorteil.
Alle hetzen und laufen umher.

In deiner Nähe
wird meine Seele still.

Bei dir kommt meine Seele zur Ruhe.
Du bist die Quelle meiner Hoffnung.
Du bist mein Fels und meine Hilfe,
meine Burg. Ich werde nicht fallen.

In deiner Nähe
wird meine Seele still.

Vertraut seinem Namen zu jeder Zeit.
Schüttet euer Herz bei ihm aus.
Sein Haus allein ist unsere Zuflucht.
Alles wohnt sicher in seiner Hand.

In deiner Nähe
wird meine Seele still.

Psalm 66

Jubelt und singt, freut euch und tanzt.
Lobt Gottes heiligen Namen.

Schöpfer, wie herrlich ist diese Welt.
Auch wer nicht an dich glaubt,
kann nur staunen.

Deine Hand tut Wunder.
Du teilst das Meer unserer Angst
und führst in die Freiheit auf trockenem Land.

Deine Augen sehen, was geschieht in der Welt.
Auch wer nur an sich selbst glaubt,
bleibt in deiner Hand.

Unsere Sehnsucht nach Leben,
unsere Angst zu stürzen
kennst du genau.

Und wenn wir schwer tragen
an Lasten, Sorgen und Schuld,
hilfst du uns auf. Du gibst neue Kraft.

Nicht nur in der Not
will ich flehen und beten.
Auch mit meiner Freude komm ich zu dir.

Dankbar will ich vor dir singen
und allen erzählen, wie gut du mir tust.
Kommt und stimmt in den Lobgesang ein.

Meine bösen Pläne und finsteren Gedanken
werden von deinem Licht erhellt.
Treu und geduldig hörst du mein Gebet.

Psalm 67

Möge der Barmherzige uns segnen
und uns freundlich ansehen,
jeden Tag neu.

Alle Welt wird erkennen: Gott ist gut.
Der Gütige zeigt uns den richtigen Weg.
Die Völker der Erde preisen seinen Namen.

Alle Welt freut sich und jubelt,
denn als guter Richter spricht Gott Recht.
Er lehrt die Völker Gerechtigkeit.

Alle Welt preist Gottes Namen.
Er lässt die gute Saat aufgehen.
So möge der Barmherzige uns segnen.

Psalm 69

Hilf mir, mein Retter, sonst gehe ich unter.
Ich habe keinen Halt und versinke.
Die anderen drücken meinen Kopf unter Wasser:
Was soll ich tun?

Du weißt, wo ich schuldig bin und wo nicht.
Du kennst mein Wollen und mein Sehnen.
Sie werfen mir Dinge vor, für die ich nichts kann;
fremde Schuld schieben sie mir in die Schuhe.

Lass nicht zu, dass die Lügner recht behalten.
Schütz mich vor denen, die mich beschimpfen.
Dir allein bin ich Rechenschaft schuldig.
Du weißt, was ich getan habe und was nicht.

Rechne meine Schuld nicht auf.
Löse mich heraus und setze mich frei.
Du bist meine Hilfe. Deine Gnade gibt mir Auftrieb.
Du wirst mich retten, darauf vertraue ich.

Psalm 69

Ach, Gott, ich kann nicht mehr.
Alle hacken auf mir herum.
Ich werde beschimpft und habe gar nichts getan.

Ich spüre ihre verächtlichen Blicke.
Verberge mich, dass ich nicht vor Scham versinke
oder gar, dass andere sich schämen für mich.

Ich suche Trost und Hilfe, aber niemand steht zu mir.
Sie spotten, weil ich dir vertraue,
doch du lässt meine Seele ruhen in dir.

Steh allen bei, die Rat und Hilfe brauchen.
In deinem Licht lass ihren Mut erstrahlen,
denn du verachtest keinen.

Dein Blick ist gnädig und liebevoll.
Vor dir muss niemand sich verstecken.
Dafür loben dich Himmel und Erde.

Psalm 71

Ich verlasse mich auf dich.
Lass mich nicht hängen.
Hörst du mich? Dann hilf mir.

Kann ich mich bei dir verstecken?
Ich weiß sonst nicht, wohin.
Wenn die mich kriegen, ist es aus.

Du warst doch immer für mich da.
Schon als ich klein war, kam ich zu dir.
Ich habe dir immer Lieder gesungen.

Jetzt bin ich nicht mehr so stark wie früher.
Sie überlegen schon, wie sie mich erwischen,
denn sie denken, da ist keiner, der mir hilft.

Zeig's ihnen! Zeig ihnen, dass das nicht stimmt.
Die werden sich noch umsehen,
wenn du kommst und mich rausholst.

Von klein auf hab ich von dir gelernt.
Allen hab ich erzählt, was du alles kannst.
Lass mich nicht allein, wenn ich alt werde.

Noch meinen Enkeln werde ich von dir erzählen,
weil du fair bist ohne Ende.
Niemand ist wie du.

Ich habe Angst und weiß nicht weiter.
Aber ich werde das überleben, weil du da bist.
Wenn ich ganz unten bin, baust du mich wieder auf.

Ich nehme meine Gitarre und schreibe dir ein Lied.
Aus tiefster Seele werde ich singen.
Denn du bist fair und lässt mich nicht im Stich.

Psalm 77

Laut rufe ich nach dir, mein Gott.
Hörst du meine Stimme?

Ich werde nicht müde beim Beten,
doch meine Seele findet keine Ruhe.

Des Nachts kreisen meine Gedanken.
Ich grüble und grüble und finde doch kaum Worte.

Ich denke an vergangene Zeiten
und suche nach Antworten.

Gott, hast du deine Versprechen vergessen?
Wirst du dich mir wieder zuwenden?

Ich will mich erinnern an Wunder, die du getan hast.
Denn wo ist solch ein Gott wie du?

Deine Wege sind heilig, großer Gott.
Du hast Menschen befreit und ins Leben geführt.

Du bist der Gott, der Wunder tut.
Halt mich fest an deiner Hand.

Psalm 80

Ein Hirte bist du Israel und seinen Kindern.
Befiehl deinen Engeln, auch uns zu helfen.
Zeig dich in deinem strahlenden Glanz.

Verzweifelt essen wir Tränenbrot
und trinken aus dem Tränenkrug.
Wir bitten dich: Schau uns freundlich an.

Im Streit liegen wir mit unseren Nächsten.
Unsere Feinde lachen über uns.
Schau du uns wenigstens freundlich an.

Einst hast du ein Volk entwurzelt
und es auf gutem Land eingepflanzt,
wo es Wurzeln schlug und hoch zum Himmel wuchs.

Nun ist die Gartenmauer eingerissen.
Wer vorübergeht, reißt sich Früchte ab.
Schütze doch wieder, was du gehegt und gepflegt
hast.

Laut rufen wir deinen Namen.
Dreh dich um, guter Gott.
Tröste uns und trockne unsere Tränen.

In deiner Nähe blühen wir auf.
Mit dir wollen wir unser Leben leben.
Schaust du uns an, dann sind wir gerettet.

Psalm 84

In deinem Haus bin ich gern.
Nach dir, auf den die Engel hören,
sehnen sich mein Herz und meine Seele.

Der Sperling hat ein Haus gefunden,
die Schwalbe sich ein Nest gebaut.
Wer bei dir wohnt, der wird dich immer preisen.

Freuen können sich, die bei dir Zuflucht finden.
Schon auf dem Weg zur dir sprudeln lebendige
Quellen.
Ein frischer Frühlingsregen wird ihnen zum Segen.

Wir pilgern zu dir mit wachsender Kraft.
Du, auf den die Engel hören,
höre mein Lied und mein Gebet.

Einen Tag in deiner Nähe zu verbringen,
ist besser als tausend Tage nach Lust und Laune.
Besser bei dir als unter dem Dach der Niedertracht.

Du bist die Sonne, die Licht spendet und Wärme.
Du bist ein Schild, der schützt und schirmt.
Glücklich, die nach deinem Vorbild handeln.

Psalm 85

Du warst uns doch einmal gnädig, Gott,
hast unsre Vergehen vergeben,
die Gefangenen befreit,
die Verbrechen bedeckt.

Wende dich zu uns, dass wir umkehren.
Du bist ein Gott, der frei macht.
Lass deinen Zorn hinter dir.
Kehre uns um. Löse die Fesseln.

Sprich uns deinen Frieden zu.
Die Dummheit soll nicht wieder siegen.
Mit Glanz und Gloria sollst du bei uns wohnen.

Güte vermählt sich mit Treue.
Gerechtigkeit und Frieden küssen sich.
Vertrauen wächst. Gerechtigkeit zieht vor dir her.

Psalm 86

Erhöre mich. Es geht mir nicht gut.
So viel drückt mich zu Boden.

Schütze mich. Ich gehöre doch zu dir.
Tragen wir nicht ein Stück deiner Heiligkeit in uns?
Ich vertraue auf dich, mein Gott und mein Heil.

Erbarme dich. Ich rufe dich den ganzen Tag.
Du bist gütig und bereit zur Vergebung,
darum rufe ich zu dir allein.

Höre mein Flehen und Beten.
Ich rufe dich an und du wirst mir antworten.

Du bist heilig. Niemand ist dir gleich.
Die ganze Schöpfung zeigt, wie groß du bist.

Zeige mir deinen Weg.
In deiner Wahrheit will ich leben.

Lass mein Herz deine Heiligkeit schauen.
Deinem Namen will ich singen für alle Zeit.

Psalm 90

Du bist unsere Zuflucht
von Generation zu Generation:
Bei dir sind wir geborgen.

Noch bevor es die Berge gab
und Leben auf dieser Erde,
warst du schon da.

Der Mensch zerfällt zu Asche und Staub,
doch du rufst uns neu ins Leben zurück.
Tausend Jahre sind für dich wie ein Tag.

Wir vergehen wie Gras,
das am Morgen wächst
und am Abend verdorrt.

Wenn es hoch kommt, leben wir achtzig Jahre,
und was uns wichtig erschien,
war am Ende nur Lug und Trug.

Die Zeit eilt uns davon.
Lehre uns, dass jeder Tag zählt,
damit wir weise werden.

Schau nicht auf unsere Fehler.
Sei uns gütig und erbarme dich.
Zeig uns, wie herrlich und freundlich du bist.

Lass aus dem, was wir tun,
noch Gutes entstehen,
selbst wenn wir nicht mehr sind.

Psalm 91

Wer vom Höchsten beschirmt ist,
fühlt sich sicher und sagt:

„Gott schützt mich wie eine Burg.
Ich fürchte mich nicht vor Dunkelheit und Gefahr."

Denn seinen Engeln hat Gott geboten,
dich zu behüten auf Wegen und Straßen.

Auf Händen sollen die Engel dich tragen.
Dein Fuß wird sich nicht stoßen.

Du wirst nicht stolpern über Stock und Stein.
Über Löwen und Schlangen gehst du hinweg.

Ich weiß: Gott liebt mich und wird mich retten.
Rufe ich um Hilfe, wird Gott mich hören.

Der Höchste ist meine Zuversicht.
Er zeigt mir den Weg zum Heil und zum Leben.

Psalm 91

Weil du mich liebst,
wirst du mich retten.
Du kennst mich beim Namen
und wirst mich beschützen.

Aus der Falle des Jägers
holst du mich heraus.
Die Pfeile der Gegner
treffen mich nicht,
weil du sie vom Ziel ablenkst.

Löwen und Schlangen sind keine Gefahr;
furchtlos gehe ich über sie hinweg.
Deine Engel stehen mir zur Seite.
Ich gehe sicher, wie auf Händen getragen.

In meiner Not rufe ich dich und du hörst.
Du kommst und löst die Fesseln meiner Angst.
Du stillst meinen Hunger nach Leben.
Mit eigenen Augen sehe ich,
wie gut du es mit mir meinst.

Psalm 94

Aus Wut und Zorn beschwöre ich dich:
Gott der Rache, erscheine!
Zahle es den Stolzen heim.

Wie kann es sein, dass die Bösen gewinnen?
Sie sabbern vor Mordlust. Sie lügen und trügen
und brüsten sich ihrer finsteren Taten.

Sie verfolgen die Aufrechten und töten die
Schwachen.
Sie ermorden die Fremden und spotten:
Wo ist euer Gott, der Gerechtigkeit liebt?

Wann werden die Menschen endlich klug?
Gott, der uns Ohren gab, sollte nicht hören?
Augen gab uns Gott. Und ihr meint, er sieht nicht?

Dahingehaucht ist der Mensch,
doch der Ewige weiß, was er denkt.
Glücklich, wem der Allmächtige gute Wege weist:
Er findet Ruhe. Der Böse findet nur sein Grab.

Das Recht wird wieder Gerechtigkeit.
Mit aufrechtem Herzen folge ich ihrem Weg.
Du, mein Gott, trittst für mich ein.

Du hilfst. Ich werde nicht im Vergessen versinken.
Wenn ich zweifle und wanke, gibst du mir Halt.
Wenn dunkle Gedanken mein Herz erfüllen,
macht dein Trost meine Seele hell.

Sollen die Bösen sich ruhig zusammenrotten,
bei dir finde ich Schutz und Zuflucht.
Auf die Bösen fällt ihre Bosheit zurück.

Psalm 95

Kommt! Wir jubeln dem Ewigen zu!
Er ist der rettende Fels.

Wir bringen unseren Dank vor ihn
und loben ihn mit unsrem Lied.
Denn der Barmherzige ist unser Gott,
mächtiger als alle Götter.

Von den Tiefen der Erde bis zum höchsten Berg
ruht alles in seiner Hand.

Das Meer und das Land hat er gemacht.
Ihm gilt unser Gebet.
Auch wir sind Geschöpfe aus seiner Hand.
Er führt uns sicher ans Ziel.

Lasst uns auf seine Stimme hören.
Verschließt eure Herzen nicht.

Lasst uns die Fehler nicht wiederholen,
die die Generationen vor uns getan.
In Schutt und Asche haben sie ganze Länder gelegt.
Die Welt ächzt und stöhnt unter ihren Irrwegen.

Sei doch nicht länger zornig, Gott.
Lass uns Ruhe finden bei dir.

Psalm 96

Ein neues Lied singen wir unserem Gott,
ein Lied, das Gottes Namen lobt.
Der ganze Erdkreis stimmt mit ein.

Geschichten erzählen wir von unserem Gott,
Geschichten von Wundern in Gottes Namen.
Wir teilen sie mit der ganzen Welt.

Wir loben den Heiligen, unseren Gott,
denn Himmel und Erde hat er gemacht.
Nichts und niemand ist Gott gleich.

Alle Welt laden wir ein:
Stimmt ein in unseren Lobgesang.
Das ist eine Gabe, die Gott erfreut.

Vom Himmel her klingt Jubelklang.
Das Meer braust auf. Die Erde singt.
Alles, was lebt, stimmt fröhlich ein.

Denn der Ewige ist auf dem Weg zu uns.
Gerechtigkeit kommt. Die Wahrheit siegt.
Auf, stimmt in den Lobgesang ein.

Psalm 98

Singt dem Ewigen, singt ein neues Lied,
denn staunend sehen wir: Alles wird gut.
Er hilft uns erkennen, was recht ist.

Wir loben und preisen unseren Gott.
Er steht zum Hause Israel
und öffnet uns die Türen.

Darum singen und spielen wir,
zur Gitarre und mit Pauken und Trompeten.
Und können wir nicht singen, summen wir.

Das Meer braust, die Berge beben,
der Wind bläst, das Feuer tanzt
und die Flüsse wiegen sich im Takt.

Da kommt der Gerechte, um Recht zu sprechen.
Alles, was lebt, beugt sich vor ihm,
doch er richtet alles mit Liebe auf.

Psalm 102

Hör mein Beten, mein Schreien.
Wende dich nicht ab.
Antworte mir, antworte bald.

Mein Leben verweht wie Rauch.
Matt bin ich und verbraucht.
Keinen Bissen bringe ich runter.

Schlafen kann ich längst nicht mehr.
Ich bin wie eine Eule in einer Ruine.
Meine Klage klingt wie ein einsamer Vogel.

Meine Feinde spotten über mich,
weil du mich zu Boden geworfen hast.
Ich bin ein Schatten meiner selbst.

Meine Lebenskraft versagt.
Lass mich jetzt noch nicht sterben.
Gib mir noch etwas Zeit.

Ich weiß, dass alles vergeht.
Himmel und Erde werden untergehen.
Sie zerfallen wie alte Kleider.

Du aber bleibst ewig.
Dein Name durchschreitet die Zeiten.
Du wirst aufstehen und dich barmherzig zeigen.

Dann wird alle Welt deinen Namen nennen.
Ehrfürchtig sehen sie deinen Glanz,
wenn du in deiner ganzen Pracht erscheinst.

Noch unsere Enkelkinder werden jubeln,
weil du das Gebet der Einsamen hörst
und die Gefangenen zum Leben befreist.

Psalm 103

Alles in mir lobe den Ewigen.
und preise Gottes Namen.
Vergiss nicht, dankbar zu sein.

Wir loben den, der Schuld vergibt.
und preisen den, der uns heilt.
Er stärkt uns mit guten Gaben.

Ich erhebe mich aus dem tiefen Tal.
Kraftvoll wie ein Adler schwinge ich mich auf.
Ich weiß: Die Gerechtigkeit siegt.

Nicht zornig ist unser gütiger Gott,
obwohl wir es verdient hätten.
Seine Gnade reicht bis an den Himmel.

Wie ein Vater hält er mich in seinem Arm.
Vergänglich wie Staub bin ich,
und bleibe doch in seiner Hut.

Unser Leben verblüht wie Blumen am Wegesrand,
unbemerkt, vom Winde verweht wie Heu.
Doch die Gnade Gottes bleibt.

Darum stimme in das Lied der Engel ein.
Alles in mir lobe den Ewigen.
und preise Gottes Namen.

Psalm 104

Meine Seele, preise den Einen:
Über alles bist du erhaben.

Überall ist deine Herrlichkeit zu sehen:
Du strahlst wie das Sonnenlicht.
Der Himmel ist dein Kleid.

Wunderbar hast du die Welt geschaffen
und alles ist weise geordnet.

Der Erde gibst du festen Grund.
Das Wasser kommt aus frischer Quelle
und nährt Pflanzen und Tiere.

Alles, was lebt, schaut auf dich,
denn du gibst, was wir brauchen,
im richtigen Augenblick.

Von der Frucht der Erde können alle leben:
Der Wein erfreut das Herz.
Mit Öl salbst du unser Gesicht.
Das Brot macht uns stark.

Du öffnest deine Hand,
und alle werden satt von deinen guten Gaben.

Leben und Tod, alles ist in deiner Hand.
Täglich erneuerst du das Gesicht der Erde.
Dich lobe ich mein Leben lang.

Psalm 104

Preise, Seele, den Schöpfer der Welt:
Großer Gott, sei hoch gelobt.
Licht umhüllt dich wie ein Mantel.
Du spannst den Himmel wie ein Zelt.

Quellen sprudeln und Bäche fließen.
Nahrung wächst für Mensch und Tier.
Der Mensch pflügt das Land, er sät und erntet.
Und doch kommt alles aus Gottes Hand.

Wenn es dunkel wird und der Mond scheint,
regen sich die Tiere im Wald bis zum Morgen.
Wenn die Sonne aufgeht, erhebt sich der Mensch
und geht an seine Arbeit bis zum Abend.

So hast du es, Gott, geordnet.
Wundervoll ist das Werk deiner Hände.
Durch unser Tun rühmen wir dich.
Wir ehren dich durch unser ganzes Leben.
Und legen wir uns zur Ruhe,
so wird auch das zum Lobgesang.

Psalm 107

„Lobt den Ewigen. Seine Gnade ist unermesslich."
So jubeln alle, die unser Gott befreit hat.
Von überallher führt Gott sie zusammen.

Wir hatten uns verirrt, allein auf unserem Weg.
Keinen Ort gab es, wo wir bleiben konnten.
Hunger und Durst raubten uns allen Mut.

Doch der Barmherzige hat eure Not gesehen.
Er hat euer Jammern und Klagen gehört
und euch Zuflucht und Zukunft gegeben.

Unsere eigene Dummheit hatte uns verwirrt.
Vernarrt waren wir in falsche Ziele und Irrwege.
Wir stürzten in ein Loch und niemand half uns heraus.

Doch euer Retter hat euer Leid gesehen und kam zu euch.
Verriegelte Türen hat er geöffnet und Fesseln gelöst.
Aus dem Dunkel hat er euch wieder ins Licht geführt.

Mit einem Schiff legten wir ab, ohne Ruder und Segel.
Als ein Sturm aufkam torkelten wir übers Deck wie betrunken.
Narren waren wir. Unsere Weisheit erwies sich als Torheit.

Doch der Gnädige erkannte eure Not und hörte euer Flehen.
Der Sturm legte sich, das tosende Meer wurde still.
In den sicheren Hafen lenkte er euer Schiff.

Wir freuen uns und jubeln dem zu, der uns hilft.
Weise ist, der Gottes große Wundertaten sieht.
„Lobt den Ewigen. Seine Gnade ist unermesslich."

Psalm 111

Ich lobe meinen Gott
mit allem, was ich bin.
Ich preise seinen Namen
mit allen, die seinem Weg folgen.

Die Welt ist voller Wunder;
schaue ich die Schöpfung an,
bin ich von Freude erfüllt.

Der Ewige hat ein Denkmal erbaut,
damit ich sein Wirken nie vergesse,
ein Zeichen der Erinnerung.

Meinen Hunger stillt er
mit einem Stück Brot.
Treu steht er mir zur Seite.

Was der Wahrhaftige sagt, ist wahr.
Was der Gerechte tut, ist gerecht.
Die Freiheit hat mich zum Leben befreit.

Ein Schauer erfasst mich,
ein verwundertes Staunen;
damit fängt die Weisheit an.
Sein heiliger Name bleibt in Ewigkeit.

Psalm 116

Den Ewigen liebe ich.
Er hört mein Flehen.
Mein Leben lang rufe ich zu ihm.

Der Tod hatte mich schon im Griff.
Voller Angst fiel mein Blick ins Totenreich.
Von Not und Kummer war ich erfüllt.

Ich rief seinen Namen:
„Ach, rette mich doch!"
Da sah mich der Ewige gnädig an.

Ich brauchte Hilfe.
Er half mir auf.
Ruhig ging mein Atem.

Gut war mein Gott zu mir.
Meine Tränen hat er getrocknet.
Meinem Fuß gibt er Halt.

Ich finde ins Leben zurück.
Ja, mir ging es schlecht.
Doch habe ich wieder Vertrauen gefasst.

Ich hebe den Becher des Heils,
ihm zum Wohl.
Dem Ewigen gilt mein Dank.
Mein Gott steht zu mir.
Ihm bleibe ich treu.
Ich bleibe in seinem Haus.

Er löst, was mich bindet.
Er setzt mich frei.
Ihm singe ich mein Lied.

Alle Welt soll es hören.
Meine Stimme füllt sein Haus.
Halleluja.

Psalm 118

Ich preise den Ewigen, denn er ist gut.
Ewig reichen beim ihm Geduld und Gnade.

In den Lobgesang Israels stimmen wir ein:
Ewig reichen bei ihm Geduld und Gnade.

Mit dem Rücken zur Wand rief ich zu Gott.
Er hörte und schuf mir weiten Raum.
Frei atmete ich wieder auf.

Bei Gott Zuflucht suchen ist besser,
als bloß auf Menschen zu vertrauen.
Gott hilft. Was können uns Menschen da tun?

Hergefallen sind sie über mich wie wilde Bienen.
Da rief ich zu Gott, rief seinen Namen,
und er hat sie zerstreut wie Staub.

Jubelnd erheben sich unsere Stimmen:
Gott ist für uns da. Er hat uns befreit.
Heute ist dieser wunderbare Tag.

Unbrauchbar nannten die Bauleute den Stein,
den Gott zum Eckstein meines Hauses machte.
Mit eigenen Augen habe ich es gesehen.
Deshalb loben wir den Einen, der da ist für uns.
An diesem Tag schenkt er uns das Leben neu.

Psalm 119

Alle, die ihre Wege gehen,
vorbildlich und makellos,
die möge Gott segnen.
Sie hören auf den Rat des Ewigen.
Von ganzem Herzen suchen sie ihn
und folgen seinen Spuren.
Würde ich seinem Rat und seiner Weisung folgen,
ich würde mich nicht verlaufen
und müsste mich für nichts schämen.
Aufrichtig will ich Gottes Namen loben;
von seiner Gerechtigkeit will ich lernen.
Mein Gott, lass mich nicht allein.
Dein Wort weist mir den Weg;
das ist mir wertvoll und bereichert mich.
Bewahre mich vor den Holzpfaden der Lüge.
Führe mich die schmalen Wege der Wahrheit.
Lass mich ziehen über die Alleen der Erkenntnis.
Wenn ich deinem Wort vertraue,
dann geht mir das Herz auf.
Dein Weg führt mich zum Leben.

Psalm 121

Hinauf zu den Bergen geht mein Blick:
Woher kommt mir Hilfe?

Hilfe kommt vom Ewigen,
der Himmel und Erde gemacht.

Er gibt sicheren Tritt.
Er behütet dich und schläft nicht.

Ja, Israels Hüter schläft niemals.
Er behütet mich. Er ist über mir
wie ein Schatten über meiner Hand,
dass Sonnenstrahlen mich nicht stechen
und auch kein Mondlicht in der Nacht.

Er behüte dich vor allem Bösen.
Er behüte deine Seele.
Er behüte Aufbruch und Heimkehr,
heute und allezeit.

Psalm 122

Welch eine Freude, als sie sagten:
„Lasst uns zum Haus des Heiligen gehen."

Jetzt sind wir hier, Jerusalem,
und staunen, wie Haus an Haus sich fügt.

Die Stämme Israels lobten dich hier.
Hier sprach König David Recht.

Möge Jerusalem Frieden erfahren.
Heil allen, die diese Stadt lieben.

Möge Frieden herrschen in deinen Mauern
und Glück in all deinen Häusern.

Um unserer Schwestern und Brüder willen
wünschen wir Segen und Frieden.

Weil hier das Haus des Heiligen steht,
suchen wir Frieden für die Stadt und die Welt.

Psalm 127

Bauen möge Gott an dieser Stadt,
denn sonst schaffen alle umsonst,
die daran bauen.

Behüten möge Gott diese Stadt,
denn sonst wachen die Wächter umsonst.
Fröhlich erwache die Stadt am Morgen,
freundlich strahle sie am Mittag,
dankbar gehe sie in den Abend
und ruhe friedlich in der Nacht.

Sturm und Wasser mögen der Stadt fernbleiben,
Unglück und Krankheit bleiben außen vor.
Offene Tore und offene Häuser
sage man der Stadt nach;
aufmerksame Augen und freundliche Blicke,
hilfsbereite Hände und Herzen auf dem rechten Fleck
den Menschen dieser Stadt.

Gute Worte möge man über sie sprechen,
gute Worte in Gottes Ohr,
dass er Segen schenke und Frieden.

Psalm 130

Aus der Tiefe rufe ich: Du,
höre auf mein Flehen.

Würdest du uns nach Fehlern beurteilen:
Wer könnte vor dir bestehen?

Ich kann vor deinen Augen bestehen
trotz meiner Fehltritte,
denn du gleichst meine Schuld aus.

Wir hoffen auf dein Kommen,
aus tiefsten Herzen hoffen wir auf dich.

Wie der Wächter nach langer Nacht
auf den Morgen wartet,
so wartet meine Seele auf dich.

Wir alle warten auf dich, unsern Gott,
denn du bist gnädig und erlöst uns.
Du sprichst uns frei von aller Schuld.

Psalm 131

Ich bin nicht klüger als andere,
nicht besser und nicht stärker.
Ich bin ein Mensch. Nicht mehr und nicht weniger.

Ich will nicht hoch hinaus
und nicht auf andere herabsehen.
Mit beiden Beinen auf dem Boden, dort will ich
stehen.

Weder feige noch übermütig,
weder unterwürfig noch überheblich.
Ich weiß, was ich kann, und kenne mein Grenzen.

So wird mein sehnsuchtsvolles Herz still.
Wie ein gestilltes Kind an der Brust der Mutter
kommt meine Seele zur Ruhe.

Offen bin ich für deine Gegenwart.
Ich warte auf dich, geduldig und beharrlich.
In diesem Augenblick liegt Ewigkeit.

Psalm 137

An den Flüssen Babels sitzen wir und weinen:
So fern die Heimat. Wie gern wären wir zu Hause.
In die Trauerweiden hängen wir die Gitarren.

„Spielt fröhliche Lieder", sagen sie uns.
Doch wie soll man fröhlich singen,
wenn man sich nach Hause sehnt.

Jerusalem, wenn ich dich je vergesse,
dann soll mir die Hand verdorren
und die Zunge vertrocknen.

„Nieder mit der Stadt!", habt ihr gerufen.
Wenn man euch antut, was ihr uns getan habt,
dann werdet auch ihr jammern und klagen.

Psalm 139

Du kennst und liebst mich.
Was ich auch tue: Du weißt es.
Was auch passiert: Du weißt, wie es mir geht.
Du weißt sogar, was ich nicht ausspreche.

Du bist über mir und unter mir,
bist neben, vor und hinter mir.
Ich kann mir das nicht erklären,
doch ich weiß, dass es so ist.

Würde ich weglaufen, weil mir alles zu viel wird:
Du bist bei mir.
Würde es mich verschlagen
in den hintersten Winkel der Erde: Du bist da.

Du liebst mich. Ich bin dein Kind.
Es gibt keinen Ort, wo du nicht bist.
Überall bist du.
Ich freue mich und danke dir.

Psalm 139

Gott, du kennst mich.
Du kennst meine Wünsche und Träume
Du weißt, ob ich sitze oder stehe.
Du weißt, ob ich arbeite oder ausruhe.
Von allen Seiten umgibst du mich.
Deine großen Hände schützen mich.

Du bist überall.
Du bist oben im Himmel.
Du bist tief unten in der Erde.
Du bist dort, wo die Sonne aufgeht.
Du bist dort, wo die Sonne im Meer versinkt.

Behüte mich, Gott, auf meiner Lebensreise.
Ich öffne dir mein Herz.
Erfülle meine Gedanken mit deinem Geist.
Wenn ich mich verirre
und nicht mehr weiß, wo ich bin:
Zeig du mir den richtigen Weg.

Psalm 146

Halleluja. Lasst uns Gott preisen.
Jeder Atemzug soll ein Loblied sein.

Verlasst euch nicht auf Menschen,
selbst wenn sie viel zu sagen haben:
Ihre Macht ist begrenzt.

Freuen kann sich, wer auf Gott vertraut.
Seine Treue ist grenzenlos.
Alles ruht in seiner Hand.

Den Schwachen gibt er neue Kraft,
den Mutlosen neuen Mut,
die Unterdrückten richtet er auf.

Für ihn tanzen und singen wir.
Lasst uns Gott preisen. Halleluja.

Psalm 147

Halleluja, lobt den Schöpfer der Welt.
Denn unser Gott heilt zerbrochene Herzen
und verbindet die Wunden der Seele.

Unser Gott ist groß und mächtig.
Seine Weisheit ist unermesslich.
Freude macht es, den Einen mit Liedern zu loben.

Der Himmel ist voller Sterne
und ihr Schöpfer kennt jeden beim Namen.
Auch mich kennt er durch und durch.

Der den Himmel erschaffen hat und die Erde,
der sorgt für Pflanzen und Tiere.
Er sieht auch uns und segnet uns.

Manche erwarten Schutz von Mächtigen und Starken.
Doch wir wissen: Nur bei einem finden wir Schutz.
Sein Name ist unsere Zuflucht.

Niemand ist liebevoller und gütiger,
darum loben wir seinen heiligen Namen.
Halleluja, lobt den Schöpfer der Welt.

Jonas Gebet

Ins Meer war ich geworfen.
Wellen und Wogen schlugen über mir zusammen.
Hatte mein Gott mich verstoßen?

Die Wasserfluten umhüllten mich.
Ich wurde in die Tiefe gezogen.
Das Tor zum Leben schloss sich hinter mir.

Der Tod hatte mich verschlungen.
Von Angst ergriffen schrie ich zu Gott.
Sein heiliges Haus werde ich nicht mehr sehen.

Meine Seele wollte aufgeben.
Doch mein Gebet stieg auf zu Gott
und der Höchste hörte meine Stimme.

Lebend zog Gott mich aus dem Schlamm.
Laut erklingt mein Lob mit Preis und Dank.

Wer sich auf Nichtiges verlässt, ist verloren.
Hilfe kommt vom Ewigen allein.

Magnifikat

Meine Seele lobt den Einen.
Mein Geist jubelt über meinen Retter.
Denn mein Gott schaut mich an,
obwohl ich nichts Besonderes bin.
Von nun an wird man mich glücklich preisen,
denn der Allmächtige hat Großes an mir getan.

Sein Name ist heilig.
Seine Barmherzigkeit gilt allen Generationen.
Seine Tagen zeigen seine Macht:
Die Stolzen zerstreut er in alle Winde.
Die Mächtigen stürzt er vom Thron.
Die ganz unten sind, hebt er wieder hoch.
Die Hungrigen speist er mit Gutem.
Die Reichen gehen dieses Mal leer aus.
Er hat sein Volk Israel wieder angenommen,
weil er seine Versprechen nicht vergisst.
Seine Barmherzigkeit kennt keine Grenzen.
Das hat er Abraham und seinen Kindern verheißen.

Benedictus

Gelobt sei Gottes Name!
Gott kommt und macht uns frei.
Wie oft habe ich das gesagt,
aber längst nicht mehr geglaubt.
Das Wort ist mir im Mund verdorrt.
Doch was eine hohle Phrase war,
hat Gott mit Sinn und Geist erfüllt.
Wie oft schien die Welt gottlos
und Gott unendlich fern.
Doch durch die Zeit ist Gott uns treu geblieben.
Darum werden wir Gott feiern,
furchtlos und fröhlich,
und tun, was gut und recht ist.
Du, mein Kind, gehst Gott voraus.
Du öffnest den Menschen Herz und Sinn.
Alle sehen: Gott birgt uns sicher in seinem Schoß.
Aus dem Himmel fällt ein Licht
in Dunkelheit und Todesangst.
Es leuchtet uns den Weg zum Frieden.

Gloria Patri

Gott allein gebührt die Ehre,
Vater, Sohn und Heiliger Geist,
seit Anbeginn der Welt,
heute und in Ewigkeit.

Ehr sei dem Vater

Zur Melodie „Lobe den Herren"

Ehre dem Vater, in dem alle leben und weben,
Ehre dem Sohne, der sich für uns alle gegeben,
Ehre dem Geist, der neues Leben verheißt
Denen, die Ew'ges erstreben.

Früh bin ich erwacht

Nach „Today I awake"
von John L. Bell

Früh bin ich erwacht
und Gott ist schon vor mir,
rief zu sich den Tag
inmitten der Nacht,
denn er, der nie schläft,
er formt jeden Morgen
mit Splittern aus Gold
und silberner Pracht.

Früh stehe ich auf
und Christus ist bei mir.
Er ging durch die Nacht
und streute das Licht.
Er lebt und er lockt,
zu glauben und hoffen,
dass, was mich auch beugt,
mich niemals zerbricht.

Früh öffne ich mich
dem Geist Gottes in mir
beim Beten und Tun,
in Mühsal und Rast.
Es atmet, was lebt,
den Geist steten Wandels:
Die Furcht wird zum Mut,
die Narbe verblasst.

Früh koste ich aus
die Freundlichkeit Gottes,
die über und bei
und um mich wird sein.
Der Schöpfer, der Sohn,
der Geist, sie zusammen,
sie rufen mich neu
ins Leben hinein.

In der Stadt von König David

Nach „ Once in royal David's city "

In der Stadt von König David
stand ein Viehstall, karg und schlicht.
Dort ist einst ein Kind geboren,
in der Nacht, es gab kaum Licht,
nah beim Esel und beim Rind.
Jesus hieß das kleine Kind.

Hirten hörten Engel singen:
„Freut euch, denn in Davids Stadt
ist der Retter euch geboren,
den man euch verheißen hat."
Furchtsam zwar, doch hoffnungsfroh
fanden sie das Kind im Stroh.

Einem Stern folgten drei Weise
bis zum Stall nach Bethlehem,
wo sie einen König fanden,
der trug weder Diadem
noch saß er auf einem Thron,
und war doch ein Königssohn.

Josef träumte, dass ein Engel
kam und warnte: „Nimm das Kind,
denn Herodes will es töten.
Nach Ägypten flieh geschwind."
Mit Maria floh er fort,
suchte einen Zufluchtsort.

Was ist das nur für ein Retter?
Klein und hilflos liegt er da.
Was ist das nur für ein König?
Sein Thron steht auf Golgatha.
Er kennt Leid, kennt Angst und Not.
Qualvoll findet er den Tod.

Doch hat jede Nacht ein Ende.
Einmal dreht der kalte Wind.
Finsternis und Kälte enden
und ein neuer Tag beginnt.
In das Dunkel fällt ein Licht.
Furcht weicht froher Zuversicht.

Heute Nacht will ich bedenken:
Sieht nicht jedes Menschenkind
auf der Flucht, in Not und Armut,
aus wie Jesus? Alle sind
Gottes Kinder, Groß und Klein.
Allen will Gott Vater sein.

In der Wintermitte

„In the bleak midwinter"

In der Wintermitte
friert im Wind die Welt:
Wasser, hart wie Felsen,
ehern liegt das Feld.
Schnee bedeckt das Erdreich
wie ein bleiches Kleid,
in der Wintermitte,
vor der Zeit.

Über uns der Himmel
fasst den Höchsten nicht.
Unter uns die Erde
trägt nicht sein Gewicht.
In der Wintermitte
Gott ganz klein beginnt,
diese Welt zu retten
als ein Kind.

Dem die Engelscharen
singen Tag und Nacht,
reichen Heu und Scheune
statt der Himmelspracht.
Dem die Engel dienen,
reicht ein schlichter Klang:
Ochs und Esel klingen
wie Gesang.

Füllen Cherubim auch
diesen schlichten Raum,
drängen Seraphim sich
auch am Himmelssaum,
gibt ihm nur Maria,
was ihn freuen muss,
als Gebet und Lobpreis
einen Kuss.

Was kann ich ihm geben?
Ich bin arm und klamm.
Wäre ich ein Hirte,
brächte ich ein Lamm.
Wäre ich ein Weiser,
brächt' ich goldnes Erz.
Ich geb', was ich kann: Ich
geb' mein Herz.

Geht, ruft es von den Bergen

Nach "Go, tell it on the mountains"

Geht, ruft es von den Bergen,
über die Hügel bis ans Meer.
Geht, ruft es in die Häuser:
„Geboren ist der Herr!"

Die Hirten bei den Schafen
erschreckte helles Licht,
doch Engel sagten ihnen:
„So fürchtet euch doch nicht!"

Geht, ruft es von den Bergen, ...

„Sucht nach der Futterkrippe,
dort liegt das Königskind.
Es ist für euch geboren.
Das Gottesreich beginnt."

Geht, ruft es von den Bergen, ...

„Drum freut euch nun, ihr Hirten,
in dieser stillen Nacht.
Das Kind bringt Heil und Frieden
trotz seiner armen Tracht."

Geht, ruft es von den Bergen, ...

Drei weise Männer kamen
aus Osten, ganz von fern.
Sie suchten einen König
und folgten einem Stern.

Geht, ruft es von den Bergen, ...

Sie fanden eine Scheune,
darin ein Kind im Stroh.
Sie schenkten Weihrauch, Myrrhe
und Gold und waren froh.

Geht, ruft es von den Bergen, ...

Auch ich bin auf der Suche.
Auch mir fehlt oft der Mut.
Ich bitte Gott um Hilfe,
er meint es mit mir gut.

Geht, ruft es von den Bergen, ...

Nun steh' ich an der Krippe.
Das Christkind strahlt und lacht.
Mein Herz, das hüpft vor Freude.
Wie schön ist diese Nacht.

Segensworte

In Gottes Armen

Möge Gott, der Vater,
dich in seinen Armen halten
und dich behüten bei allem, was du tust.

Möge Christus, unser Bruder,
dir Heil und Heilung schenken
und ein Licht, das die Dunkelheit vertreibt.

Möge der Geist, unser Tröster,
dich stärken und dir helfen,
alles in Liebe zu tun.

Singen und Segnen

Möge Gott deine Lippen segnen,
dass kein böses Wort über sie kommt.
Mögest du aus vollem Herzen singen können
von Gottes großer Liebe.
Möge dein Lied
Frieden und Segen in die Welt tragen.

Leib und Seele

Gott segne dich
mit einem klaren Kopf und gesunden Gliedern.
Mögest du stets festen Grund haben
unter deinen Füßen
und den Himmel im Herzen tragen.
Möge deine Seele fröhlich sein
und dein Geist erfüllt von Zuversicht.

Freude und Frieden

Gott, unser Vater,
behüte und beschirme dich
auf allen deinen Wegen.

Jesus, unser Bruder,
stütze dich und stärke dich
in all deinem Tun.

Der Heilige Geist, unser Tröster,
stifte unter uns
Liebe und Freundschaft.

Der Reichtum aus Gottes Segen
umhülle dich mit Freude und Frieden,
jetzt und allezeit.

Durch Sonne, Mond und Regen

Möge Gott dich segnen
durch die Sonne, die über dir scheint,
durch den Regen, der dich belebt,
und den Mond, der deinen Schlaf bewacht.
Der dreieine Gott sei dir Schutz und Schirm.
Möge er dein Herz füllen mit Zuversicht und Freude.

Wo du gehst und stehst

Gott schütze dich, wo du gehst und stehst,
und segne all dein Tun.
Gott wache über dir, wenn du ruhst,
und erfülle dein Herz mit Frieden.
Gott heile dich an Leib und Seele
und stärke dich für deinen Weg.

Reich an Erfahrung

Gott segne dich
mit dem Glück der rechten Entscheidung.
Gott segne dich
mit Reichtum an Erfahrung.
Und Gott segne dich mit der Gabe,
durch falsche Entscheidungen
an Erfahrung reicher zu werden.

Möge dir aus jedem Körnchen Missgeschick
eine Ähre neuen Glücks erwachsen.
Mögest du mit deinem Schatz an Erfahrung
auch andere reich machen.
Und mögest du auf allen eingeschlagenen Wegen,
den leichten wie den schweren,
Gottes schützende und bewahrende Hand spüren.

Gott richte dich auf

Gott nehme von dir,
was dir dein Leben schwer macht:
deine Ängste, Nöte, Sorgen,
dein schlechtes Gewissen –
alles, was dich belastet und bedrückt.

Gott richte dich auf
und stärke dich.
Lebe in Frieden.
So segne dich Gott.

Vom Morgen bis zum Abend

Wenn du aufstehst,
sei Gott schon über dir erhoben,
um dich zu behüten auf allen deinen Wegen.

Wenn du dich niederlegst,
sei Gott schon unter dir,
um dich zu bergen in seiner gütigen Hand.

Wo auch immer du dich hinwendest:
Gott sei immer schon da,
um dich mit Güte und Liebe zu empfangen.

Raue See

Nach einem Gebet von Basilius von Caesarea

Möge Gott das Schiff deines Lebens
in einen ruhigen Hafen steuern,
wo du sicher bist
vor den Stürmen von Schuld und Streit.

Möge Gott dir zeigen, welchen Kurs du nehmen sollst.
Möge er dir Kraft und Mut geben,
den richtigen Kurs zu wählen,
selbst wenn die See rau ist und die Wellen hoch sind.

Mögest du jenseits von Not und Gefahr
Trost und Frieden finden.

Segen der fünf Sinne

Möge Gott deine Sinne segnen:
deine Augen für sein Erscheinen in kleinen Dingen,
deine Ohren für sein sanftes Klingen,
deine Zunge, um ihn im Brot zu schmecken,
deine Nase, um ihn im Wein zu entdecken,
deine Hände, um ihm tastend zu begegnen.

Dir und den deinen das Beste

Frei nach einem irischen Segen

Mögen Liebe und Lachen deine Tage erhellen
und dein Heim und dein Herz erwärmen.

Mögest du gute Menschen und treue Freunde finden,
wohin auch immer dein Weg dich führt.

Möge die Welt um dich erfüllt sein mit Frieden
und mit einer Freude, die lange währt.

Mögen alle Jahreszeiten des Lebens
dir und den deinen das Beste bringen!

Jahreszeiten

Gottes Segen falle auf dich
wie ein sanfter Frühlingsregen,
damit deine Hoffnung aufkeime.

Gottes Segen bewege dich
wie eine leichte Sommerbrise,
damit deine Liebe erblühe.

Gottes Segen wärme dich
wie eine milde Herbstsonne,
damit dein Glaube reife.

Gottes Segen bringe dir
die Klarheit eines Wintermorgens,
damit Weisheit dich erfülle.

Weihnachtssegen

Möge dir ein Stern
deinen Weg zeigen
wie einst den Weisen aus dem Morgenland.

Möge dir ein Engel
eine Botschaft des Friedens bringen
wie einst den Hirten auf dem Feld.

Möge die Herrlichkeit jener Nacht,
in der Christus dir geboren wurde,
dein Leben zum Leuchten bringen.

Segen zum neuen Jahr

So wie in der Mitte des Winters
die Sonne wendet
und Tag um Tag
mehr Licht und Wärme in die Welt bringt,
so möge das Licht der Welt,
das in der Heiligen Nacht sich dir zugewandt hat,
an jedem Tag des neuen Jahres
dein Leben heller machen
und wärmer durch die Kraft seiner Liebe.

Gottesfarben

Frieden
möge Gott
über dir ausspannen
wie einen Regenbogen:
erfüllt von Liebe,
bereit zur Veränderung,
erhellt von Freude,
gestärkt zur Hoffnung,
geduldig für die Stille und
aufmerksam für Gottes Gegenwart.